U0149103

在江邊喝酒

王慕　單　單白　著

詩藝叢刊

文史哲出版社印行

國家圖書館出版品預行編目資料

在江邊喝酒 / 王單單, 慕白著 .-- 初版 -- 台
北市：文史哲, 民 105.11
　　頁；　　公分（詩藝叢刊；2）
　　ISBN 978-986-314-341-3（平裝）

831. 86　　　　　　　　　　105022143

詩 藝 叢 刊　　2

在 江 邊 喝 酒

著　　者：王　單　單　,　慕　　　白
出 版 者：文　史　哲　出　版　社
　　　　　http://www.lapen.com.tw
　　　　　e-mail：lapen@ms74.hinet.net
登記證字號：行政院新聞局版臺業字五三三七號
發 行 人：彭　　　正　　　雄
發 行 所：文　史　哲　出　版　社
印 刷 者：文　史　哲　出　版　社
　　　　　臺北市羅斯福路一段七十二巷四號
　　　　　郵政劃撥帳號：一六一八〇一七五
　　　　　電話886-2-23511028・傳真886-2-23965656

定價新臺幣二四〇元

2016 年（民一〇五）十一月初版

在 江 邊 喝 酒

目　　次

王單單・尋魂

慕 白・包山底

《尋魂》卷

王單單

作者簡介：

　　王單單，1982 年生於雲南。曾獲首屆《人民文學》新人獎、2014《詩刊》年度青年詩歌獎、第二屆《百家》文學獎、《邊疆文學》新銳獎、2015 華文青年詩人獎、首屆桃花潭國際詩歌藝術節・中國新銳詩人獎等。參加《詩刊》社第 28 屆青春詩會，系中國作家協會會員。2016-2017 年首都師範大學駐校詩人。出版詩集《山岡詩稿》併入選中國青年出版社"中國好詩・第一季"。

叛逆的水

很多時候，我把自己變成
一滴叛逆的水。與其他水格格不入
比如，它們在峽谷中隨波逐流
我卻在草尖上假寐；它們集體
跳下懸崖，成為瀑布，我卻
一門心思，想做一顆水晶般的鈕扣
解開就能看見春天的胸脯；它們喜歡
前浪推後浪，我偏偏就要潤物細無聲
他們夥在一起，大江東去
推枯拉朽，淹沒村莊與良田
而我獨自，苦練滴水穿石
撿最硬的欺負。我就是要叛逆
不給其他水同流的機會。即使
夾雜在它們中間，有一瞬的渾濁
我也會側身出來，努力澄清自己

尋　魂

阿鐵　男　二十一歲
一九九五年農曆七月十四日
於四川西昌打工
溺水而死　十多年來
魂散遠方　屍骨未還
離開故鄉時
身著的確良短袖
舊牛仔褲　破解放鞋
身高170釐米　面黃肌瘦
尖下巴　愛笑　操鎮雄方言
但凡死去的親朋好友
請在陰曹地府幫忙尋找
若遇之　望轉告
他的母親
現在老了

喪鐘將我吵醒

清晨的喪鐘將我吵醒
我能確定，有人忘了睜開眼睛
送葬者穿過南大街
趕在交通擁堵前，把死者抬出城
生前，他一定是個貪吃的人
像一枚鞭炮，吞下光陰的火焰
終於把自己撐爆

再過一小時，城市就會復活
招聘海報、租賃資訊、尋人啟事等
將會覆蓋大街小巷裏的訃告
覆蓋小人物離開後留下的空白
熙來攘往的人群中，沒有誰會察覺
城外荒郊，因剛埋下一人
而變得生機盎然

滇黔邊村

滇黔交界處，村落緊挨
泡桐掩映中，桃花三兩樹
據載古有縣官，至此議地
後人遂以此為名，曰：官抵坎
祖父恐被壯丁，出川走黔
終日惶惶，東躲西藏
攜妻帶子，落戶雲南
露宿大路丫口，寄居廟坪老街
塵埃落定於斯，傳宗接代
香火有五，我父排三
鄰舍出資，我父出力
背土築牆，割草蓋房
兩省互鄰，雞犬相聞
有玉米、麥子、土豆、高粱煙葉等
跨界種植，一日勞作汗滴兩省
余幼時頑劣，於滇黔中間小道上
一尿經雲貴，往來四五趟
有時砍倒雲南的樹，又在

貴州的房頂上生根發芽
官抵坎毗鄰貴州沙壩村
戊辰年（1988年），計生小分隊搞結紮
兩村超生戶換房而居，同樣
日出而作兮日入歸，奈何不得
廟坪、官抵坎以及黔之沙壩
上北下南，三村相連，官抵坎居中
一家有紅白喜事而百家舉
滿堂賓客，會於一地，酒過三巡
便有沙壩村好事者唱到：
「官抵坎，泡桐林，家家出些讀書人
廟坪街，土牆房，家家儘是煤匠王」
廟坪不服者引吭對之：
「莫把別人來看輕，其中七十二賢人
能人之中有能人，看來不是等閒人
看你要定哪條行，我來與你定輸贏」
歌聲磨破夜空，每每通宵達旦
官抵坎，官方域名大地社
尋常百姓如大地之沉穩樸實
雜姓寨，王姓人家十之有九
白天事農，夜裏各行其事
垂髫戲於院，豆蔻嬉于林
弱冠逐於野，而立、不惑、知命者

或者棋牌，或者談論女人和莊稼
偶有花甲古稀不眠者
必有葉子煙包敨酒侯之
90 年代後期，官抵坎
有女嫁人，有兒遠行
剩下老弱病殘留守空村
闊別十六年，夢回官抵坎
曾經滇黔交界上的小道
我從雲南找到貴州
又從貴州找到雲南
都找不到我少時留下的尿斑

名垂千古

我時常在陽臺上
用水寫下自己的名字
顏筋柳骨的血管中
流淌的姓氏
清澈　透明
真想讓它名垂千古
我便換用墨汁重寫了好幾遍
可是　我看到的
是筆劃的骨頭裏
藏著的大面積黑暗

回　家

兒子夭折後
埋在離家二十米的荒地上
四哥在他墳前栽一棵竹子
並刻上名字。絕望中
帶著四嫂離家出走。
七年了，四哥不知道
當年那棵竹子，已由一棵
變成兩棵、三棵‥‥‥
正朝著他家的方向
漸漸蔓延成竹林
如今，有棵稚嫩的筍子
已破土而出，就快抵達
他家門口

刻　　佛

左手扁鑿，右手鐵錘
從廢石頭中，可以取出
一張慈祥的臉。我隨意地鑿
不知不覺，它就雙耳下垂
就笑口大開，就袒胸露乳
就手持佛珠。當我突然
意識到，這塊廢石頭
像誰時，手一顫抖
就在它的眼角
添了一道淚痕

願　望

撫平額上的峽谷，解凍頭頂的雪山
壓住你卡在喉間上氣不接下氣的咳嗽
你終於明白，人生最美的東西都在背後
你一直想，扔掉拐杖、老花鏡和助聽器
從耄耋撤退，退回到古稀，退回到花甲
退回到你辦公室的椅子上
翻牌、鬥地主，熬你退休前漫長的天命
退回到不惑，退回到主席臺上，高談闊論
帶著一頭霧水
到你的鮮花與掌聲中去擁抱、握手
退回到你的而立之年，娶妻生子
做房奴，按揭青春，為柴米油鹽
和她鬧得你死我活
退回到你風華正茂的年代
去花前月下，做風流的鬼
去戀愛，去工作
退回到你頑劣的童年
馬路上，挖閃腳坑

舔九妹扔掉的糖果紙
退回到你口嗫拇指的年代
從母親"么兒乖乖"的聲音中酣睡
最好是收起你呱呱墜地時的哭聲
最好是交出你睜眼時的第一縷陽光
退回到子宮去
最好是，把人間也帶走
像不曾來過一樣

滇中狂想曲

這次我落草為寇，隱身百草嶺
積木成屋，窗口向南
能看到，山下的集市
擺著蘆笙和嗩吶
唱歌的咪依嚕，頭戴馬纓花

這次我削髮為僧，六根不淨
曇華山中點青燈，睹佛思人
下山化緣時，偷偷在摩崖上
刻她的名字，把恨
刻得像愛一樣深

這次我采菊東籬，見枯木
死而不朽，朽而不倒
歲寒，然後知松柏之後凋
借山中木葉，吹一曲《梅葛》
替它還魂

這次我飲酒成鬼，囚于大姚堡
黑夜之中寫反詩，我歌月徘徊
我舞影凌亂。一個被埋的人
他還沒有死；一個死掉的人
他還沒有被掩埋

這次我在滇中趕路，找自己
路過姚安府，途經龍華寺
寫詩，喝酒，愛陌生女人
再重申一遍，我姓王
真的不是你們所說的
那個姓徐，名叫霞客的人

*西元 1638 年，旅行家徐霞客曾遊歷滇中，龍華寺當時
　的住持和尚寂空為他敬奉午餐，並留他在後軒歇息。

在孤山

我把所有的孤島都看成
水中坐牢的石頭，不說話
終日忍受驚濤拍岸的酷刑
海未枯，濤聲不會舊
如果破釜沉舟，斷了回去的路
從此就不想家，不想島外的人

親愛的蘭隱，我是這樣想的
島上有寺，艾葉兄可削髮為僧
當一天和尚，撞一天鐘
直到月落烏啼，秋霜滿天
胡正剛憨厚老實，讓他周而復始
將山下的礁石，推至山頂
再滾入水中

而你和我
一個心慈面善，適合燒香
一個玩世不恭，需要拜佛
閒暇之余，可去林中
那裏有兩架秋千
一直空著

一九八二 ——

生於一九八二年，破折號指向未知
按照先後順序，我走過 A 社、B 鎮、C 縣、D 市
E 省。壯志未酬，只能回到 F 村、G 鎮、H 縣等地
安身立命。其間，愛過 I、J、K、L、M 等女人
恨過 N、O、P 等男人，做過 Q、R、S 等工作
寫出 T、U、V 等詩歌，流過 W 次淚，喝過 X 斤酒
Y 年以後，時光擦去這些字母，毫無痕跡
一個名叫 Z 的年輕人在紙上寫下：
王單單，一九八二——？（卒年不詳）
生平事蹟無詳細記載，悲歡
與愛恨，押解他奔向一個問號。僅此而已。

一個人在山中走

一個人在山中走
有必要投石，問路
打草，驚蛇，向著
開闊地帶慢跑。一個人
站在風口上，眺望
反思，修剪內心的枝葉
看著周圍：樹大，招風
一個人走到路的盡頭
還可以爬坡，跳埂子
相信沒有過不去的坎。一個人
攀上石岩，抓住四處蔓延的
藤條，給遠方打個電話
告訴她，真的有種東西
割不斷，也放不下
一個人爬到最高的山上
難免心生悲涼，這裏
除了冷，就只剩下荒蕪
一個人在山中走，一直走
就會走進黃昏，走進
黑夜籠罩下的寂靜

下飛機，轉乘地鐵

上天入地的事
我只幹過這一回
走出機艙，就像逃離虎口
賤命一條，可我還是怕死
怕魂魄在空中遊蕩時
撞上一朵堅固的雲，怕
身體墜落時，在誰的心上
砸出一個坑。現在
提前來到泥土之下
抽走的白骨，被重新裝進
肉身。我把周圍的廣告牌
鐵軌，以及身邊戴著首飾的女人
都看成殉葬品。真的無可救藥啊
我仍然渴望找到出口
擠出人群，在陽光普照的
大地上，走成一個
形單影隻的人

在江邊喝酒

古人説的話，我不信
江水清不清，月亮都是白的
這樣的夜晚，浪濤拍擊被縛的舊船
江風吹著漁火，晃蕩如心事
這一次，兄弟我有言在先
只許喝酒，不准流淚
誰先喊出命中的疼，罰酒一杯
兄弟你應該知道，回不去了
所有的老去都在一夜之間
兄弟你只管喝，不言錢少
酒家打烊前，整條船
都是我們的，包括
這船上的寂靜，以及我們
一次又一次深陷的沉默
兄弟你知道，天亮後
帶著傷痕，我們就要各奔東西
兄弟你看看，這盤中
完整的魚骨，至死
都擺出一副自由的架勢

夜宿以古鎮

風吹著空酒瓶，像哭聲
在窗外滾動。我夢見
自己變成一塊玻璃
破碎，讓我變得鋒利
醒來。誤把月亮當成
天空的墓碑。死去
讓活著變得更加完整
誰見過午夜的以古鎮
一條街穿過兩邊的建築與寂靜
像切開黑暗的一道縫隙
狹窄，但足夠我通行

二　哥

火車開走後，你癱在一堆雜物中
蘸著汗水給我和父親寫信。那時
你是一個裝卸工，每天都在
搬運自己的命

摩托車才停下，又開走
你像一截繃直的鏈條
在生活的齒輪上旋轉出
瀕臨斷裂的聲音。那時
城裏人稱你為摩的師傅

海園莊的立交橋下
你曾孤獨地站著，像半截木樁
對著秋風致敬，周圍塵土飛揚
那時，你是一個保安
正為你嗷嗷待哺的孩子值班
我看見過你，但沒有喊

在馬街，你舔刀口上的血，鹹
其實，刀口也在舔你，苦
淡看江湖，走回頭路
那時，你無所事事
像一個空心的人，到處
尋找自己的心

很多次，我到昆明
沒有去你家，徑直到翠湖邊
找朋友喝酒。醉了後
就在午夜的翠湖北路上
東倒西歪。那時
你總會適時出現，扶住我
小聲說：把路走正

玉案山中，向守墓人問路

無邊草木，只用來藏身
他神情陶醉，自顧自
彈撥懷中的琵琶。夾雜風吹
周圍的桉樹，不時掉下
落葉與樹皮。玉案山的墓碑
似乎聽懂了什麼，也變得
更加整齊。自始至終
他雙目微閉，對我的話
不問，也不答。只是
在我離開後，他使勁撥出
弦外之音，這讓我覺得
向一個守墓的人問路
真是多此一舉

大路若道

河流是水的路，水是魚的路
魚是鱗的路，鱗是刀片的路　，刀片是光的路
光是塵埃的路，塵埃是天空的路
天空是風霜雨雪的路，是日月星辰的路
是雷鳴電閃的路。大路若道
道成肉身，肉身是生的路
生是死的路。死是我的路
也是你的路

病父記

你說瑣事沒有，我說不可小覷
你說沒做虧心事，我說與生病無關
你說從不打針，我說這次例外
你說祖上無病，我說並非遺傳
你說看病花錢，我說花錢看病
你說休息就好，我說好再休息
直到醫生告訴我
你身患絕症，體內豢養的鬼
它命令你去死時，我的心
才像一架製造痛苦的機器
沒日沒夜地運轉著

這些天，我真的很無助
大悲無淚，大哭無聲
你喊疼的時候我正喊拳
你吐血的時候我正吐酒
你呻吟的時候我正K歌
你想我的時候我正想你
其實啊父親，因為你
我也身患不治之症

遺像製作

死得很乾淨，僅一張半寸照
也無從找到。身份證是多餘的
可以剪下頭像，通過掃描器傳遞到
電腦。死者的頭顱，重新在
photoshop 中抬起，睜大眼睛
記住人間之痛。再轉世，將會更加謹慎
放大。皺紋長在二十一英寸的螢幕上
像一塊玻璃中暗藏的裂痕
擦掉翹起的頭髮，露出額上的荒涼
眼角的滄桑。他看起來
死去比活著還要年輕
去背景。清除黑色的網，魂就自由了
換成白底，換成天堂的顏色
在第二顆紐扣正下方，敲出四個字：
慈父遺像。仿宋三號，黑體加粗
像四隻仙鶴馱著他，飛到雲上
調色。補光。一條道走到黑，始見天日
在日益逼仄的塵世，找到屬於自己的

一張 A3 銅版紙，可以裝下半畝方塘
一縷炊煙，以及生的淚水和死的歎息
打印。裝框。將血肉之軀
壓成一張紙片，一個人的音容笑貌
被套進另一座牢，慢慢褪色
直到相框裏的影像消失後
牆上掛著的，其實
僅只是一張白紙

自畫像

大地上漫遊，寫詩
喝酒以及做夢。假裝沒死
頭髮細黃，亂成故鄉的草
或者灌木，藏起眼睛
像藏兩口枯井，不忍觸目
饑渴中找水的嘴。
鼻扁。額平。風能翻越臉龐
一顆虎牙，在隊伍中出列
守護囈語或者夢話
摁住生活的真相
身材矮小，有遠見
天空坍塌時，想死在最後
住在山裏，喜歡看河流
喜歡坐在水邊自言自語
有時，也會回城
與一群生病的人喝酒
醉了就在霓虹燈下
癲狂。癡笑。一個人傻。

指著心上的裂痕，告訴路人
"上帝咬壞的，它自個兒縫合了"
遇熟人，打招呼，假笑
似乎還有救。像一滴墨水
淌進白色的禁區，孤獨
是他的影子，已經試過了
始終沒辦法摳除

將進酒

撲塵歸來兮　懷揣二兩清風
扯七尺星空縫補這個城市
華燈照古邦　別了豐乳肥臀
弟兄四五　笑談風月醉乾坤
中途尹馬君來電　東籬無花
南山相去甚遠　獨坐黃昏
在一首詩中　與斜陽打賭
庚哥　汝亦官亦文
天下風月　點綴大生活
偷得浮生半日閑　一片桃花一片佛
常兄　爾之先祖　碰倒元朝龍椅
馬蹄之下　搶出洪武建文
一譜續今　你拾起一枚金幣
城市的縫隙裏　做個三流農夫
安爾君　杯莫停　萬古愁與爾同消
牧童遙指杏花村　大雄麗影中
你的七姊妹花　扶著城牆　笑死春天
兄台朱江　何苦與朱元思書

從黃金屋出來　顏如玉在我身邊
忘記在斯卡布羅集市的日子
上帝乾杯　我們隨意
牟兄　一介書生　喝幹唐朝酒窖
把自己喝成高壓線　燒斷保險絲
南大街上　薛濤魚玄機　為你滅火
莫急　前世缺席之酒　再滿上
今生未盡之興　先飲盡
百年之後　若吾與爾等緣盡此生
誓別杜康　不談風雅頌　不論賦比興
來來來　端起酒杯　端起你　端起我
莫問今宵酒醒何處
赤水河畔　月映烏蒙

書房帖

到最後，節節敗退的不只我
還有那些古老的洩密者，心藏經卷
退回東邊的牆角，一冊一冊壘高
把自己疊成一面懸崖，嵌在岩上的
是聖賢的懸棺和大師的噴嚏

枯坐書桌旁。十平米的孤獨
像一間狹窄的墓室，作為殉葬品
我是多麼寒酸。塵埃落滿琴架
琴聲還未腐爛，我真想
彈一曲《十面埋伏》，飛沙走石
活著是一件危險的事

四處碰壁。就在書房裏生根，像盆栽
學習電腦旁的仙人球，收起鋒芒
聽王菲唱《心經》，在泥土中修行
很多時候，我的硯臺乾旱
像一塊小戈壁，在其中

倒幾滴酒，就能還原海的真身
就能觸摸到水底的星辰

我的書房，在安爾村
D級危房，屋頂上荒草倒伏
遠遠望去，它像一塊
爬上天梯的荒原

寂寞令

抽刀殺水，我無法將自己的倒影

攔腰折斷；無法給一滴水珠開膛破肚

取出它體內的晶瑩；　無法剝離一朵

浪花裏的月色；無法阻止一條負傷的河

縱身跳下長滿青苔的懸崖

我只能沿著僻靜的山路

繞開燈火闌珊的村莊

孤身回到寢室，躺在黑暗中

聽遠處的狗叫，隔壁男教師

在下水池邊撒尿時故意開大的水聲

以及枕邊，一隻蚊子飛離琴弦時

蹬出的沉悶音符

母親的孤獨

家裏電話無人接聽
或許，她正扛著鋤頭出門
費了很大的勁，才把身子移出
長滿荊棘的籬笆，獨自走向
一片曠野，那裏
雜草死而復生

過了很久，還是沒人接聽
或許，她剛回到家
鑰匙放在伸手可及的地方
像往常一樣，剛進屋
就給牆上的遺像講述
瓜秧的長勢，或者玉米成活的情況

她根本不知道，出門這段時間
遺像裏的人，內心著急，試了很多次
都沒能走出相框，接聽兒子
從遠方打回家的電話

順平叔叔之死

過早地閉眼了，孩子們也沒怎麼哭
像上帝的鞋底抖落一粒沙
滾過官邸坎時，被一陣風揉進我眼裏
順平叔叔的病很深，要去大醫院打開身體
像撬開一個陰暗的倉庫，把裏面那粒
發黴的穀子摘除。順平叔叔忌醫
他說開膛破肚後，心，會被城裏人換走
窮，碰哪里都能出血。他日子苦，我們姑且當真
我曾經回家，見他躺在村口草堆上烤太陽
翻來覆去地烤著。忠實的奴僕，把自己當成魔鬼的麵包
他撐起骨架，指著一棵泡桐對我說
"我三十年前栽下的樹，現在可做一副棺材了"
那天夜裏，我夢見泡桐花落了一地
後來，聽說村裏人把他從縣城醫院抬回來
黑夜深不可藏，屍體放在田野三天三夜
順平叔叔死了，死得遠遠的，有家也不能回
時隔多年，我又回到官邸坎
看見那棵被砍去的泡桐根部
又生長出幾棵小小的泡桐

河流記

河水在河床上從來沒有睡著
像一條蛇，穿梭於山川與峽谷
鵝卵石是河流產下的蛋
河流的痛，就是肉身下滑
直到淌成大地的傷疤
也沒能在蛋裏孵出另一條河流
有些河流，大地之上
在自己的腳印中奔跑
浪尖上泛起一座光的教堂
有些河流，埋於泥土之下
在自己的魂魄中行走
一滴水，就是一顆頭顱
它們攢動著，在黑暗中摸索
通往人間的路。同一條河流
沒有相同的兩朵浪花
有時候，錯過一朵浪花
就錯過它一生的綻放

雙乳山

石頭豐胸，飽滿而挺立
雙乳山就像她的名字
兩隻奶子突兀在群山之上
只要春天到來，就會把雙乳山
擠緊。乳汁，像劣質的飲料
染綠了乳房和她周圍的肌膚
可是，雙乳山卻餵不飽
山腳下那些饑餓的嘴
其實，雙乳山也沒什麼了不起
她只是離天空更近一些，離現代文明
更遠一些，離貧窮更近一些
離幸福更遠一些
雙乳山全年日照不足一百天
海拔高，氣候寒冷
山上經常下雨。遺憾的是
我從來沒有看見，哪一場雨
能夠洗白雙乳山下的黑夜

採石場的女人

把日子扔進碎石機
磨成粉，和上新鮮奶水
就能把一個嬰孩，餵成
鐵石心腸的男人。她
抬著一撮箕沙，重量
是離她十米遠的草堆上
嬰孩的若干倍。現在
嬰孩像一架小小的碎石機
初來人間，已學會把上帝
反鎖在天堂，用哭聲
敲碎大地的門
但她暫時顧不上這些
她只知道，石頭和心一樣
都可以弄碎；她只知道
熬過一天，孩子就能
長高一寸

別　字

久不提筆
本想寫一個家字
卻不小心寫成塚
天呀，這段時間
我都在想些什麼
雖然，我知道
塚，才是人生
最後的家
但還是免不了
悲涼地
走到室外
一個人
躺在草地上
曬了一早上太陽

廣德關遇白髮老者

若非逃亡，無人願來廣德關

槍聲過處，草木瑟縮

絕壁斷崖間，沖出一條空蕩蕩的峽谷

像一柄刀鞘，拔出去的河至今無法收回

一個老人，守著自己的殘山剩水

從荒草中抬起頭，慢慢向我靠近

他介紹，家住關口上

孤獨時，就來溝裏走一走

我第一次驚覺

人生苦短，像一個回音

喊出去時，青絲莽莽

回來已是白髮蒼蒼

訪萬佛寺

日照高林，空中打坐的
落葉與飛鳥，比我安靜
緊靠圍牆，梵音中茁壯的
青松和白楊，比我虔誠
大殿之中，我轉了一圈
抬頭看見地藏王菩薩
他曾受託如來，許下大願
"眾生渡盡，方證菩提
地獄不空，誓不成佛"
有點心慌，趕緊關上寺門
從晨鐘與暮鼓之間
側身走進滾滾紅塵

尼姑庵

懷揣難念的經，投奔佛

剃度的花，把春天擋在牆外

木魚聲聲，經文熬藥

無法療愈花苞炸開的疼痛

上天無路，入地無門

奈何真身如橋

飛架生死之間

午夜的農場

有約不來過夜半
我一直在等
等你的腳步聲靠近我的農場
在一塊紅土中，種下嘴唇
日日思君不見君
葡萄熟了，草莓熟了
肥水為你白白流向外人田
閑敲棋子落燈花
棋子碎了，燈光滅了
隻身走進牧場
看兔子吃盡窩邊草

癸巳年冬，從昭通回鎮雄

1

白樺林扔掉最後一片葉子
光溜溜地站在路邊，像一些手
一些絕望的手，伸向高空
把這個冬天最冷的部分
攥在手心

2

烏鴉蹲在枝頭，我驚訝於這堆
樹上的小墳塋。如果氣溫持續下降
如果它還不飛走，它真的會凝固
靈魂落下來時，比一片雪花還要輕

3

瀑布不是懶惰的水，它是天上趕路的河流
累了，就靠在懸崖邊，換一種姿勢流淌
過了淩子口，就進入大峽谷
兩邊峭壁上，到處掛著這樣的瀑布

4

從沒去過。要抬頭才能看見
山坡上的大關縣,一座孤城
有一年夜間,我打山腳路過
看見它的萬家燈火,誤認為
頭頂隱匿著一個星星的部落

5

喜歡豆沙鎮
與僰人懸棺沒關係
我討厭那些死後,還高高在上的魂魄
與古今五路沒關係
我是一條道走到黑的人
與唐代袁滋摩崖沒關係
想不朽,不能僅靠一塊石頭
與天然回音壁沒關係
我想喊的人,已經遠去
與觀音閣沒關係
誰稀罕,需要下跪才能獲得的慈悲
喜歡豆沙鎮。其實很簡單
因為,在這裏
我是一個陌生人

6

擺渡者走了。舊船擱在江邊
到了彼岸的人，想返回
影子沉入水中，像一枚紐扣
鎖不住流淌的白水江

7

過了鹽津縣的柿子壩
過了彝良縣的牛街鎮
就到了我的鎮雄縣
霧斂澄山，桔樹掩映
小路從山上下來，延到水邊
像根魚線，試圖
釣起一條大江

母親的晚年

她正竭力尋找，希望有一個地方適合自己
繼續呆在官抵坎，用餘生守住我父親的墳
但這不等於，在雷鳴電閃的夜晚，她能入睡
在惡夢中驚醒時，能找到人傾訴。也不等於
孩子們走遠了，她就不牽掛，傷風感冒時
能有人守在枕邊，為她倒水，餵藥

實在沒有辦法，才跟隨打工的兒子
寄居昆明。但這不等於，她抱走父親的遺像
就能放下故鄉，也不等於
整天被關在出租屋裏看電視，就能幸福

終於熬不住了。她強烈要求，還是回到官抵坎
回到她耗盡一生，餵雞養豬的地方
繼續在房前屋後，倒騰一些蔥薑蒜苗
時光流過，任憑自己一老再老

行不通。她病倒了，村裏人給我打來電話

帶去醫院，肚子上開一刀。記得那天
我一直哭，直到她氣若遊絲地，在手術臺上醒來
這次，說什麼也不讓她獨自生活了
還是帶她去昆明，還是讓她帶著父親的遺像
但這不等於，她能比上一次幸福
還是整天看電視，或者去窗邊站一站
沉默，打瞌睡，醒來就彎著頭
撕手上的老繭，數掌心的裂紋

終於，熬不住的是我。心一狠
應允她回到官抵坎。即使，那裏依然
會打雷，她依然會怕，依然
會做惡夢，依然會偶感風寒
但至少，她不會整天沉默寡言
也不會總是彎著頭
撕手上的老繭，或者
數掌心的裂紋

致童年朋友

莫里哀爬上火車
帶著大女兒，回到故鄉。她天生
左眼失明，上帝給她一半光明
剩下的黑暗，交給風聲與耳鳴
十年不見，弗蘭西斯·培根做了官
微信上傳言，他涉嫌嚴重違紀
頭髮一抓就掉一把。賽凡提斯仍然是個光棍
騎著國產自行車，穿行在昆明的城中村
月薪三千元，壓著女人的唇印與呻吟
布考斯基進去了，這個雜種
最後關頭把妻子供出來
一公斤海洛因，可讓他人頭落地。
真是見鬼，去年我在村西口
看到巴爾扎克，帶著他擁有城市戶口的女人
依然那麼嚴肅，那麼若有所思
就像小時候，他一邊放牛
一邊默讀唐詩三百首的傻樣
童年朋友啊，你們知道嗎
後來我寫無用之詩，學會獨自喝酒
醉了就給你們每人取一個
大師的名字

趙家溝紀事

沒有事先約定，大家就死在一起
躬身泥土，一個魂喊另一個魂
聲音稍大，就把對方吹到石頭的背面
最後咽氣的人，負責關閉天空的後門
讓雲彩擦過的藍，成為今生最後的重
壓在頭頂。山體滑坡，孩子們
在泥土中喊母親，她的心口不會再疼
趙家溝的月亮，也不會醒。走得急
刨出的父親，沒能把手裏的種子
扔給偷生的人，臉朝黃土背朝天
這次，他們真的做到了
天作孽，不可恕啊
要在山頂上，砌四十六座墳
還原一個只有鬼居住的村莊
我不是趙家溝的人，但是
趙家溝的山，真的埋過我的心

地震之夜

倒立一個空酒瓶
在床邊，為睡眠放哨
地震時，它需要粉碎自己
讓我驚醒，讓我死裏逃生
我真的很怕在黑夜裏
死得不明不白，我真的很怕
一覺醒來，發現自己
已經死去

帶彎刀的人

帶彎刀的人，不一定敢殺生
彎刀有多鋒利，月光就有多寒冷
帶彎刀的人，躺在地裏
身上長出包穀的根，包穀的命
就是他的命。長夜漫漫
曠野無邊，帶彎刀的人
守著秋收之前的包穀林

風來了，黑夜未曾走遠
包穀林嘩啦啦的聲音由遠而近
帶彎刀的人，剛睡著
又被包穀葉子戳醒

漫山遍野的包穀林
守著一個帶彎刀的人

一個老人

陽光照在街上，行人匆匆
她踽踽獨行，緩緩挪動目光
走走停停，盯著路人一一辨認
綠燈剛亮，她試圖穿過十字路口
才到中途，紅燈又亮了
很無助，她僵著進退兩難
惹得滿街的引擎轟鳴刺耳
她一陣驚慌，幾近跌倒
搬進城三年，子女再三叮囑
外面混亂，不要出門
可她還是想出去走走
看看能否在城市的人流中
找到一兩張老家的面孔
陪她拉拉家常，敘敘舊

申請書

六十多歲的劉長貴
一瘸一拐地走來，把鄉間小道
當成琴鍵，魔鬼的音符從骨髓深處
湧灌而出。頭髮髒亂，滿臉胡荏
劉長貴像個稻草人插在我身邊
欲言又止，顫巍巍遞過來一張紙
幾個病句，歪歪扭扭地倒著
大致意思是：
家貧，無以葬妻
特申請砍樹，打口棺材。

焚書詩

並非多喝了兩盅。焚書煮酒
《道德經》中，有他的牢
仁義反縛，忠孝封口，逼急了
心會繃破肉身，抽刀砍大江
他知道，渾濁的流水最自由

殘書破簡，《厚黑學》未成灰燼
留下碎屑拼湊成生活的斷章
他站在一個頁碼的邊上，命令
自己翻到風清月白，天高雲淡處

《資本論》也要燒去，廉價的青春
剩餘的淚水，能夠提煉黃金
能夠煉製成一副假肢
撐著他走完這荒涼的人世

燒———
《本草綱目》也要燒

失眠症是黑夜的裂縫
沒有一劑藥可以做成補丁

再燒一本佛洛德
《夢的解析》就能讓酒水沸騰
他的夢就能留下半截
卡在睡眠之外

井

村婦們蹲在井邊
舀來清水，反復搓洗著亢奮中
抓緊被子　時留下的指紋
直見大紅鴛鴦浮出水面
才從水中撈出雲朵和幸福
晾曬在周圍的灌木叢上
她們映在水中
像蓮花抽出水面
清風微拂，就能問到井水的香
你澆我一臉，我灑你一胸
說起張家長李家短
笑聲就在嘴邊蕩漾
直到一塊星空墜入井中
才在男人摸黑上床時
交出水裏的月亮
這是多年前故鄉一景
現在，那口井已乾枯
黑糊糊的，像一個彈孔

天葬台

喇嘛下山後，又回頭望了望
青草長到天葬台邊，就不再往前了
空出來的位置，擺著石砧，斧頭和匕首
幾隻禿鷲，剛吃掉一個小小的人間
它們撲打著翅膀，像一些顫慄的墓碑
散落在山坡上

山上的喇嘛

藍天下，最搶眼的
是拉撲楞寺後山上
那個穿紅袈裟的喇嘛
他像一小管血
正被注射進荒涼的土地

也是那麼遠
他俯身看著我們，正匆忙趕往
拉撲楞寺，就像
一群失魂落魄的人，重新
回到了故里

看守草原的人

　　草原深處沒有石頭，他就用
藤條和樹枝搭建房屋，並在四壁
敷上很厚的牛糞，太陽曬乾後
就變成堅硬的牆。這牆上
蒼蠅密集，只空出一小塊
給他做窗口。他每天最愛做的事
就是透過這裏，看看
有沒有人，來自草原的盡頭

當周草原

在當周草原上，我放生了自己
像一隻旱獺，迎著風裸奔
朋友從抓拍的照片中
驚訝地發現，懸在半空中的鷹
曾悄悄地撲向我，但不知為何
它放棄了最後的捕殺。
我有些慌，趕緊穿上衣服
一個人坐在山頂上，聽
風吹著身邊的經幡，獵獵作響。

礦　工

我的父親，曾在一個
名叫苦膽坡的地方挖礦
他每次鑿好炮眼，埋下炸藥
點燃火繩，就拔腿沖向洞口
等到大地深處傳來轟然巨響後
他還會再次返回洞中
一個人站在黑暗裏，想了想
又前進了幾步

北京月

整座北京城
浸入一片燈火之中
人們成群結隊，出入於
地鐵口、餐廳、商場、各種娛樂場所
或者在辦公桌前突然驚醒後
繼續加班。月亮把月光
丟下來，沒人理睬
又自個兒收回去
藏進某幢高樓背後

菩　薩

飛機搖晃得有些厲害
我使勁握住掛在胸前的菩薩
平安著陸後，它濕漉漉的
像被剛才的氣流
驚出一身冷汗

筆架山下觀魚

我正彎腰，俯首觀魚
一條受驚的石斑
從我的倒影裏遊出去
像小部分的我
離開了身體。我看到
它朝著對岸遊
那裏風平，浪靜
水邊清晰地倒映著
山頂上的廟宇

螞　蟻

螞蟻們攜妻帶子
組成浩大的隊伍
趕在暴雨來臨前
舉家遷徙
我隨手撿起樹枝
在泥牆根下
劃出一道橫線
瞬間，原有的秩序
亂成一片。許多螞蟻
來到橫線周圍
猶豫，徘徊，躍躍欲試
又不知所措。看著它們
迷失的樣子，我先是
撲哧一笑，轉又
心生悲涼。每當
遭遇過不去的坎時
我又何嘗不是這樣

換　心

他的頭髮由白轉黑

整個人變得活力四射

陪他變老的妻子

無法再度陪他返回年輕

總在枕邊流下淚水

更加令人吃驚的是

他的詩歌如有神助

與換心之前相比

簡直判若兩人

想想這真是一件恐怖的事

如果有一天

罪惡滔天的人

突然換上善良的心

真擔心我會因此而

忘記仇恨

海口謠

天涯種地，海角栽花
累了就直起腰，眺望遠處的海
千帆過盡，誰才是我等的人

洲上疊沙，水邊浣麻
時光沖刷心事，洗白她的長髮
斜暉脈脈，誰帶我回她的家

觀某地震遺址

天已崩塌，地已撕裂
人心之上，橫著過不去的坎
老馬指著遠處的土坡
醉醺醺地說，那一片曾是紅燈區
每次去，我都點阿紅
來自江邊的女人，皮膚白淨
我循著他指的方向望過去
山河紊亂，草木糾纏
我輕拍老馬的肩膀，示以安慰
他的心，早已因為絕望而損毀
這樣的人，無論跑到那兒
都是一座廢墟

望月帖

只有在深夜，仰望過星空的人
才知道，月亮是個白血病患者
頭上的光，落滿大地。
它不辭辛勞，從東到西
每晚就挪出一步，只是為了
某一天，能在黑夜中
找到治癒自己的良藥。

我愛你

像一塊鐵，被鏽屑數上
我真的需要一次鍛煉，用你的火焰
削去我的貧窮與自卑
讓我在你的淚水中淬火
磨掉自負與清高，我真的需要向你低頭
我真的需要在你面前彎曲
最好是首尾相連，最好是彎成一個圓圈
像一枚戒指戴在你的手上
十指連心，我要第一個分享你的幸福
我更要第一個感受你的痛苦

多年以後

打掃灰塵，佈置房屋
重新生火造飯，喂雞養豬
回到官抵坎。那怕
我一個人就是一個村

收回荒廢的土地
種玉米、土豆，還有
茄子和辣椒。如果妻子喜歡
就給她搭一個瓜棚；如果
我們有孩子，男的
教他砍柴，女的
教她刺繡

有朋自遠方來，只談詩歌
不說政治。也不要帶禮物
我喜歡讀書

那時我已經不能打鐵
但還會去竹林裏，喝酒，撫琴
給走遠的人寫絕交書

一個漫長的下午

她早已不知去向。我敲了門
空房裏囚禁著回音。屋簷下的寂靜
閒置巨大的空。整個下午
我都在那裏枯坐，發呆

她的狗陪著我，名叫戈多
小傢伙突然躍起來，奔向牆外
我追出去時，它已悻悻回來
牆內，一朵打碗碗花
趁我們不在，悄然綻開。

虛晃一槍

睡夢之中，我對著自己的腦袋
虛晃一槍。子彈在身後的窗戶上
崩出一個黑暗的窟窿。可誰又曾料到
讓我醒來的，竟然是它裏面
吹出來的一絲涼風

一個青年詩人的血

那天我坐在鐵軌上抽煙，看落日
荒草從鏽跡斑斑的泥土中長出
來自鋼鐵內部的鳴響與戰慄
催促我及時避開。一種
針對死神的調戲，一種針對宿命的挑釁
讓我坐在原地，繼續吹風
看落日，重新點燃一支煙。
火車在軌道的盡頭，從無到有
從小到大，從慢到快，轟鳴聲
攜帶著粉碎性的力量，野獸般
撲過來。就在最後一瞬
我突然縱身躍起，火車撲個空
拖著巨大的尾巴，哐當哐當叫著
鑽進身後的山洞。而接下來的
寂靜中，我身上的血滿滿的
一滴也沒有晃出來。

景　觀

車過郊區工地，不經意間
我看見，吊機把一個人
送進高空。他站在腳手架上作業
落日正好經過頭頂，遠遠望去
像鋼筋在天上紮出的一攤血跡
當我正要，給身邊的人們
指出這壯麗的景觀時
一束鮮紅的光柱，從他的安全帽上
折射進車窗，似乎是
那個剛剛捅破天空的人
想把沾滿血跡的兇器
強行塞進我的手裏

與妻書

熟睡中，我們剛滿四個月的兒子

趴在你的胸口上，猛吮奶水

而你在夢裏，仍不忘記

變成甜蜜的江水，填充

身邊這條小小的深淵。昏暗的燈光下

他邊吸邊瞪著我，目光啊

多像半截裸露的河床，逕直延伸到

我的身上，那些極有可能

落滿積雪的地方

理髮師

我最愛去的那家店
理髮師是個豐滿的女人
她在我背後，用手
端正我的頭
她讓我不要動，我就不動
我多麼聽話
像一個乖孩子
盯著鏡中 ——
她的乳房
呼之欲出

《包山底》卷

慕　白

作者簡介：

　　慕白，又名王國側，浙江文成人。中國作協會員，2014-2015年度首都師範大學駐校詩人。參加過《詩刊》社 26 屆青春詩會。曾獲《十月》詩歌獎、"紅高粱"詩歌獎、華文青年詩人獎。著有詩集《有誰是你》《在路上》《行者》。

文　成

在這裏
我的父親死了
我的奶奶也死了
我的母親風燭殘年
我的兒子剛上高一
我的薪水漲了不多
我的股票虧損不少
我的清晨去市場買菜
我的黃昏在院子裏散步
我的後山有人念佛
我的前門有人出殯
我的夏天又刮颱風
我的冬天總不下雪
我的朋友曉煒叫吃酒
我的同學小雯請唱歌
我的鄰居去年住院化療
我的茶園今春遇上寒潮
我的錢被凍死許多

我的雞毛撢子老是掉毛

我的桃花已開出三兩枝

我的流水才過一二裏

我的眼睛還活著，風箏飛上了天

我的雙腳長出了根，我的炊煙溫柔

我的老家在落日餘暉下，我的夜晚很長

我叫落葉為故鄉，我的床總是很亂

我的窗外塵土飛揚，露水親切

我的群山子虛烏有，我的情人遠在天涯

我的挽歌平鋪直敍，落入俗套

我的詞語不會拐彎抹角

我的文成一馬平川，我的俗世生活

我的結尾急急如律令，只留一個字：

好，文成好！

我出生在一個叫"包山底"的地方

我的包山底很小，小如一粒稻穀
一粒小麥、一顆土豆
躺臥在我靈魂的版圖上
我用思念的放大鏡，把這一粒鄉愁
放大成 960 萬平方公里的熱愛

我的血液、火、熱情、痛苦
心靈、災難、命運 ——
都來自包山底這個地方
我不逃避，反而願意承擔
那血液中的火，骨頭裏結晶的痛苦
一個濕漉漉的人，不怕愛上飽含雨水的白雲
我的宿命如露水，哪怕再短暫 ——
我也不離開包山底，這個浙江南部的小山村

如果讓我說出對包山底　更深的愛
我會好好伺候她，像一個蒼老的兒子
為更蒼老的娘親養老送終
我攙著她，做她手中的拐杖
成為她凋謝的身體裏，那發芽的骨頭

我是愛你的一個傻子，包山底

我不用任何技巧，也不用任何
修飾，我喜歡用
傻子那樣的眼神，目不轉睛
癡呆呆看你
我的喉嚨裏含著沙土
我的舌尖上著火，我要把你每一棵
高粱中的血液喊得沸騰
我用髒手擦了擦自己的髒嘴巴
把命運中唯一的口糧捧給你
總之，你比你的傻兒子古老、憂傷
但我必須死在你前頭
我倒在你懷裏時，傻乎乎，癡呆呆，
可能喊你母親，也可能喊你父親

我就是愛你的一個傻子，包山底
一顆心在紙上用大白話
告訴我所有的親人，朋友
同事，甚至陌生人

告訴我的未知的女兒
如果可能
我還願意告訴我的子子孫孫

請你在無邊的歲月中珍藏
一個傻子內心的黃金

我覺得，有一座房子是我的

風吹過我的村莊
一片樹葉飄落水面
我覺得，有一座房子是我的
我將在它門口坐得很晚

風從南面吹起
風從北面吹起
風從西面吹起
風從東面吹起
風吹得很快
我覺得，有一座房子是我的
我將在它門口坐得很晚

很晚的時候，風從我的房子吹過
玫瑰色的黎明
風沒有留下一絲塵香
我覺得，有一座房子是我的
我將在它門口坐得很晚

遊子吟

老娘在包山底，山中有我家
娘在哪，哪兒就是家

娘年屆七十，種莊稼好手
閒不住，娘天天上山
娘如數家珍：今年已經收土豆 735 斤
採茶收入 5852 元，兔子養了 25 只
地裏種芋芳 126 株，蕃薯 2018 苗
水稻已經揚花……

娘還說，這個季節回家不要買菜
田裏長滿了絲瓜、南瓜、蒲瓜
茄子、豇豆、空心菜，還有
苦瓜。說到苦瓜，娘的聲音低了下來
悄悄歎口氣：可惜你爹走早了

回鄉偶書

兒子王發財一十四歲半，嫌棄沒有網路
不願陪我去包山底，他的心裏
虛擬著整個世界，我四十一歲半
想天天可以回家，看看老娘
看看老娘種的辣椒、茄子、蒜
土豆、番茄和苦瓜
我不知道
在一十四歲半少年的眼中
我是哪棵蔥，還是哪株蒜

義烏行

這裏是義烏，國際商貿城
城東風水好，城北可淘寶
城南有舊事，城西山水好
烏傷溪護城河，城中村和高科技
錦繡河山，wi-fi是廟，微信搶紅包
互聯網，孵化器，創業創新
紅土地，綠家鄉，分水塘種桑麻
杏子，桃子和麥子，孔子，面子和稻子
新農村建設，浙東最美田園
有山有水有祠堂，村居何斯路
金山詞霸一方，我的防火牆年久失修
轂歌，百度地圖上沒有我的故鄉
牛只會耕地，回憶祖父二三事
燕子塢的狗叫像鄉愁，村規民約
中西合璧，何時何人何地
垃圾桶裏翻寫不出一首新詩
如果生命也有4S店，我一定一日三省
好好保養我的愛情和靈魂

四月七日遂昌逢劉年

前年鎮雄見，去歲在北京，今日遂昌
劉兄，你有一顆帝王的心，騎士的精神
可江山如此不堪，人民還在缺衣少食
你從湘西到雲南，為了生活，南轅北轍
衣袂粘滿八千里路雲和月，工業時代
詩人何為，八百里加急，魏晉已遠
歸去來辭，春山易老，生年不足百歲
你退守在一首詩裏，筆耕天下，憂國憂民

李杜詩文，死可以生，不負春光
貧寒書生，情不知所起，錢塘江甌江
江河入海，仙霞嶺、九龍山、南尖岩，山川一脈
遂昌不是唐宋，牡丹亭外十裏春風
姹紫嫣紅，良辰美景形同虛設
理想的距離，文成到北京，野菊花開
這人間苦什麼，不過情而已
湯顯祖已經死去 400 年，扶犁播種
村莊看不見炊煙，班春勸農成了國遺

人生難得梅開二度，何必為真

南溪就在城裏，南山卻總在視線之外
人生就是一條小河，走著走著就分了岔
流水都有無形的鞭子，此去經年
戲中人遊園驚夢，風吹春水
一往而深。你我真實人生，長亭更短亭
古來聖賢皆寂寞，有酒須盡歡
再誤一回國吧，江山不過是一曲戲
小樓聽雨，南柯一夢，流年似水
我只願在江南與一有情女子廝守終身
為死為生，痛痛快快愛上一回
你且快馬加鞭，返回你的京都與煙雲

遂昌金礦行

遂昌有金礦
隋朝人都知道

我愛財，披星戴月
從文成到麗水
一路跋山涉水，做著黃金夢

人為財死
鳥到亡才懂
地球是我們唯一的墓地
誰也不能活過五百年

金礦半日遊
小火車拉著我
穿越唐宋元明清
繞過歷史的挖金隧道
不到半小時
我重新回到地面

紀念館擺著領袖的雕像
和 1984 年的獎狀，各種金銀首飾
空穴來風，感覺恍如隔世
詩人路也說，我不愛黃金

導遊說，古時候的礦工
走出礦山，要經過多次驗身
才許回家

山中半日，山外也是半日
我同行的幾位詩人
在認真挑選首飾
這是大眾，烏合之眾的眾
我們的組織鬆散

天空下著雨
眠牛山猶如新聞審查官
沒讓杜鵑花開出一朵
山嵐彌漫，我們的江山在沉默
湯顯祖死於 1616 年
今天遂昌城裏的人民都在看《牡丹亭》

山有多高水就有多長
通往金礦的鐵索橋悠悠蕩蕩
我真的沒有遇到半兩黃金

暮春義烏江別芷父

雞毛換糖，從一根白髮開始
我的河床日益堵塞，泥沙俱下
蘭溪埠頭，蕭山哺頭，義烏拳頭
三頭加六臂，我也沒有學會規劃自己
請看今日義烏江，青春逝如東流
世事如商道，我的溪山失控，洪災氾濫
流水穿城而過，徐登早亡，禁水術失傳
竹籃打水，我的人生漏洞百出
誰會監管我的未來，檄文諱莫如深
十年江南，十年江北，破敗摧枯拉朽
我左沖右突，沖不出宿命的重圍
江河日下，江山不容留豺狼，泥船渡河
我有心殺賊，但命運蕩蕩悠悠
有如撥浪鼓，五尺賤命，一抔黃土
試問這殘山剩水，竟是誰家之天下
仰天長嘯，我，我，我……
如梗在喉嚨裏，我的脖子伸出再長
我的歌聲始終不如一隻鵝

瓜州夜泊

我是一個瓜州渡外的過客
黑夜裏的揚州
小巷緊閉著

路的身上長滿風塵
瓊花，這天下無雙的千年美人
沉睡在二十四橋的維揚人家
汴水邊亮著幾朵星光
那都是別人的燈火

多年來我一直無法接受
我還在瓜州渡外
我覺得我應該在揚州

袁枚別傳

不當官，不佞仙佛，假戲不真做
不戀吏祿，不求長生，但求不老
築隨園，戀紅塵，只願歲月早蹉跎

訪名山，興觀群怨，遊大川，品佳茗
居有山，居有水，居有竹，居有美姬
居有詩，居有肉，居有酒，居有花
居有紅顏，居有知己，居有性靈，居戒虛名

"放鶴去尋山鳥客，任人來看四時花"
好味、好色、好花、好竹、好金石、好字畫
好山林之樂，不如好藏書
園傾且頹，"關心米價問江東"
交耕夫、識蠶婦、友工匠、問商販、訪書生
此間樂，"欲治好茶，先藏好水"，真戲不假做
農事百業，躋身市場，心有民生

自畫像

在民間，是慕白
大名　王國側　父母定的
上過書，政府也認可
身高五尺
並不是所有男人的標準
原產地是包山底，這很重要
是我唯一在中國註冊的地理商標
生產年份一九七三
一九七三年的包山底很多孩子
送人、溺死、餓死或者凍死
我卻活著

死去的孩子比我幸運
他們在天堂裏
來往的都是天使
不用與衣食住行勾心鬥角
不用與功名利祿爾虞我詐

我死後是上不去天堂的
我不輕視名利
心胸也不開闊
聞過不喜
寵辱都驚
如果說還有一點優點，那就是牢記恩仇
我愛我的親人，愛我的朋友
愛我在人間的孩子
可這也不是進天堂的通行證
上帝會說沒有做多少好事
至今沒有做到愛對我不好的人

我也下不了地獄
我對天地良心說過
我是一個罪人
我好抽煙好喝酒
不偷盜不放火
有兄弟三人
衍生產品：老婆一個
兒子一人。
閻王拒絕我的理由
可能是我做的壞事不多
至少我都沒有故意傷害一個愛我的人

作為活著的慕白或者王國側
必須附加說明：保質期未知
保修期限：活著有效
我會在上帝看著不顧
閻王記著不管的人間
認認真真地吸進和呼出
每一口自然的空氣

七夕夜寄見學兄弟

從上一個七夕
到下一個七夕
看山水，觀海潮
見學，你我同學少年
整整三年風雨相依
杯中閒庭散步
過了今宵，風歌雨舞
不知何年是他鄉

兄弟，不知道甌海的天氣
是不是也像我們文成
已有了侵人的寒意
為了取暖，為了能夠活著
見學，我已經生火溫酒
如果你遙相感知
就請你
也舉起杯
讓我們共同幹下

這杯禦寒

飲者多寂寞
醉裏乾坤大，壺中日月長
起風了，加件外衣吧
見學　醉酒易感
謹防傷心，橫豎撒捺
我們都是小人物
既不能當官也沒路發財
不如早種田，圖得一年風調雨順
收成了，好釀酒好吃飯
你說呢
兄弟

楊花詞

青山不厭，峰巒過江
"尋君千載後，而我一能無"。
所謂的天荒地老，無非是與你相守
一飯、一粥、一菜、一酒、一茶

不盼高官，不求榮華，讀書習字
學得天文定位，羅盤導航，過洋牽星術
春去秋還，我積蓄一生的愛和期待
願銜楊華入窟裏，穿越古今
歷經浙江文成，溫州龍灣
只為跋山涉水去看你

春看花，秋掃葉，看書、散步、品酒
不打擾別人，自己動手做飯
風在天空，雨在雲裏，滄海變桑田
直到山窮水盡，你的出現
我才得天獨厚，中年時，春風一夜
房前栽花屋後種菜，養一條大狗

從此和你相依，我據長江之利，海洋之益
我水域開闊，我的生命不淤不凍
少風暴，潮汐洶湧，大江南北
今生有緣，你是我通向愛情的黃金水道

雞鳴，犬吠，樹上有鳥叫
此地良辰美景，黃河東入海
曲盡其妙，村莊在後，山歌在前
我在溫州之南開茜涇，鑿滄漕
你在涇北驅水入白馬池，塞北江南
銀河飛渡，愛是一條重要的河流
三霄娘娘護佑，你我風雨同舟
天恩寺，琴瑟和鳴，長風萬里，看黃河東去
黃土高坡，絲竹漁歌，小橋流水，數星辰點點
岐黃故里，務耕種，行地宜
五指原，驛站連接，絲路通暢
石崆寺，釋、道、儒三教合一
原峰山，唐、宋、元、明、清五代並存
歲歲年年，年年歲歲，勞燕不再分飛
福澤綿長，奏黃鐘，歌大呂，舞雲門，以祀天神
隴東古鎮，吃河鮮，飲烈酒，仿古人長歌
柵欄外，夕陽無限，杏花月露，攜子之手
且看白鷺歸巢，鴛鴦成雙，明月升海上

訪諸暨西子祠

吳越已遠，苎蘿村還在，親愛的
我們不傾誰的國，也不傾誰的城
從春秋到戰國，田間地頭長滿皺紋和青苔
父親一直住在鄉下，早已砍伐不了柴薪
秦朝以後，鄉野雞犬難聞，炊煙稀少
養蠶浣紗不如出門打工，城裏人老死不相往來
你在少藝校學過歌舞，貌美，身姿妙曼
當下越國房市疲軟，浣沙溪畔江景房 8 折優惠
你不妨傅珠粉，著羅衣，去東吳的夜店
姑蘇臺上跳豔舞，唱越劇，陪達官貴人喝酒
用青春賭明天，掙一筆按揭首付款
你天生麗質，美若天仙，可要注意禮儀
窮家孩子可賣藝不賣身，千萬不惹是非
至若天上人間被掃黃打非，江山易主
伍子胥也不能找你一個弱女子的茬

後現代時局維艱，全球經濟不景氣
中東和平進程陷入僵局，誠信缺失，硝煙四起

昨晚巴黎慘劇，敘利亞四面楚歌

歐美經濟雖然發達，我的生意也不好做

阿裏巴巴、京東，互聯網上演無間道

比爾蓋茨、巴菲特，資本市場滑若遊魚

我真後悔把博物館免費借住給貧民

曲水流殤，那是騷人墨客的娛樂節目

"鳥驚入松蘿，魚畏沈荷花。"

吳王再好色，也不寵長相一般的女子

做廣告，全球公開的秘密，美人討難施

"響屐舞"是你的獨門絕活，及早申請專利

以免被人假冒。富甲四方，不如心安一隅

死生契闊，自古文人俠客夢

十年磨一劍，百年樹一人，仰觀宇宙

飛鳥盡、良弓藏，狡兔死，走狗烹。

千年之後，你我功成名就，衣食無憂

不行王者之道，學老莊，今歲乙未

親愛的，越明年，待到山花爛漫時

我們夫妻雙雙把家還，敘幽情，我歌你舞

駕扁舟，入太湖，垂釣錢塘

春花秋月，豈不痛哉！從此不再隱姓埋名

登禹王山，住民宿，吃農家樂，喝女兒紅

泰山即景

從北京坐動車組到濟南要 3 小時 45 分鐘
濟南坐大巴車到泰安要 1 小時 20 分鐘
住賓館 280 元，早起
賓館步行到景區售票處 400 米
坐景區環保車上山到中天門約 20 分鐘
坐觀光纜車上行約 25 分鐘
到南天門拍照，上天街
拍照，繼續上行到唐摩崖
在一塊石壁前看看幾個比我早來的人
寫的一些字
現在被塗上了顏料
紅的黃的都有
再上玉皇頂
看到康熙老人寫的兩個字：果然

安魂曲

雨下了一夜
已淋不濕他

某某，某某某
墓碑上
有些名字開始模糊

他曾經在我們中間
他應該是個好人
不知道活得好不好

在生前
他可能膽小
他或許暈血
他甚至恐高

現在他不怕人評說
活著的功過

只是踩死一隻螞蟻
他肯定也有過愛情

和親人們一起
埋骨青山
他沒有恨
眼睛閉上的時候
他寬恕了這個世界

山水詩

我愛高山，我還愛大海
就算是平原，遇到一處好山水
靈魂乾淨的地方，我就想搬去住

我只要一間屋子，能遮風擋雨
抬頭看得見日月星辰
低頭想得起故鄉

帶著我的女人和酒
我想搬到山海經裏去住
我想搬到海市蜃樓裏去住
可是霧霾籠罩，我的女人失蹤了
我的新酒還沒釀好

春天橘香濃郁、甌柑味苦
此處不需要讚歌，省略去掌聲
山與水之間，鐵路落地生根
午夜的高速列車非常準時，載滿民工
呼嘯而去，驚醒了沉睡中的塘河
萬物輪回，我的小狗跟著火車跑丟了

4 月 24 日深夜，溫州，送葉坪

小南路在下雨，塘河右岸的午夜
車水馬龍，這裏是溫州，我們都在別處
行人和車輛都匆匆忙忙，獨立街頭
只有你，一個糟糕透頂的老頭
還學著古人，醉臥紅塵

你家隔壁的玉清池，歌聲曖昧
霓虹燈閃爍，足浴店的廣告詞充滿誘惑
唐朝已成為過去，今夜的溫州街頭
只有你和我的靈魂，無家可歸
在暮色之中苦苦等著，渴望被救贖

人生七十古來稀，夢裏去吃酒
東海漁村早已不適垂釣，醉歌似白髮
人生如寄，甌江煙波浩渺，柳色新綠
先生啊，古調雖自愛，今人多不彈
明天酒醒之後，不如爬爬大羅山
嬉嬉江心嶼，走走逛逛五馬街

與王單單、江一郎夜飲增城

都説神仙好
神仙也怕寂寞

江一郎來自東海之濱溫嶺
王單單打彩雲之南鎮雄來
都是千里迢迢，我們三個男人
在增城街頭夜飲

小樓今夜細雨
何仙姑早已羽化升仙
屋頂開過的桃花似笑非笑
我們效仿古人，在風中頻頻舉杯
以詩歌的名義

誰知明日履跡
管他得不得道，三杯酒下肚
長安就遠，我在天上
百年衣冠，誰言紅塵難得一知己
酒神呀，今年的荔枝上市還早
你已讓我醉倒在他鄉街頭
一座陌生的城市

西湖風月圖

丙申暮春，騎一匹老馬，看蘇堤春曉
任時光頹廢，回到唐朝，回到魏晉
錢塘江慢慢為我流向東海，把酒臨風
柳浪聞鶯，我是個風一樣自由的人
銷魂當此際，花解語，人寬衣，湖濱晴雨
春水填詞蕩漾，戲蝶作賦留戀
梅塢春早，天空有豔詩，鄉愁與炊煙
飄飄然皆成絕世的風流佳話
三台雲水，蓬門今始為我開
有朋自遠方來，雅集杭州，北街夢尋
北京西川、杭州舒羽，少長鹹集
老外不懂蛙聲籬落下，只知春山易老
人間天堂，杭州山水好，久住亦成仙
無須大塊假我以文章，不要效仿古人
雲棲竹徑宜聽風，宜飲酒，宜發呆
見花獨笑，有青春作伴
九溪煙樹、吳山天風
此地即遠方，從白堤到蘇堤

桃花流水得意，三分春色，二分醉意
看得見山望得見水，不必擔心被查酒駕
靈魂安全，我們的夢想比家園美麗
不須問道于野，莊周夢蝶，紅塵也滾滾
山外山，樓外樓，我的西子萬里春風
柳浪聞鶯就是一首水調歌頭，如夢令
賞心樂事，龍井問茶，靈隱禪蹤
風扶柳，佳人半醉，歸去來，有詩有酒
花徑緣客至，日麗風和，新冠盛開
曲院荷風，堂前屋後，落英醉枝
鶯兒，燕兒，蝶兒正翩翩舞，雙雙飛

題廣教寺雙塔送別圖詩

東邊一座宣城，西邊一座敬亭山

南邊偏西一座東塔，北邊偏南一座西塔

廣教寺早已灰飛煙滅，弘願寺新建香火鼎盛

看不到觀自在菩薩如意輪陀羅尼經

神仙們忙著個人功業，誰還為自身修建浮屠

江城如畫裏，先生也好游，先生也好酒

區區一詩人，先生還好色，人在草木間

你我一沙鷗，暮春時節，十裏桃花早已謝

憑欄猶憶，昨晚萬家酒店，飲盡一夜不如意

今日芷父回北京，子川去金陵，少君已夜歸

你們南來北往，我亦東奔西跑，丁香四月

涇縣雖有文房四寶，紙上終不能盡歡

兒女情長，墨寫的人生，白髮總系不得扁舟

桃花潭畔，生與活，水流具體而微

沒有人在岸邊踏歌，青弋江潺潺東流

高山可仰，我聽見這邊啼鷓鴣，那邊喚杜宇

一聲聲：“行不得也，哥哥！”

登蓮花尖

才到半山腰，遇見一條岔道
我抬頭望去，雲海茫茫，山峰陡峭
一隻鷹在山尖離我越來越遠
白雲在空中飄蕩，一切都似乎很遙遠

不等時間追趕，我轉身下山
沿著溪流，看見腳邊一隻蝸牛在爬呀爬
身後也拖著一條自己的河流

山水之間，我的腳步有如落花
總在隨波逐流，多年以後偶遇自己
靈魂依然只有一米六六，不比肉體高
從一九七三年開始，一個人在山裏走
我多次看見落日，但太陽，包括月亮
一次都沒有從天上掉下來

不要驚訝，我真的沒有登上蓮花尖
不能把假設告訴你，鷹與蝸牛眼裏的風景
同時都能成為一條江的源頭

姚家溪獨坐

在江上游
處世無奇的姚家溪

一座獨木橋橫跨兩岸
一把淡藍色的雨傘飄然而去

臨淵羨魚，這寧靜這緩慢
和我有關嗎，我站在風中
狂亂地四處張望，不知身在何處

江畔獨步

春夜的田園，雲和水在山邊
細語呢喃。不遠處，依稀亮起幾家燈火

獨步江畔，萬物生長的春天
馬金溪，不知今夜你將流向何處
我選擇站在黑暗中背靠自己
閉上雙眼，聆聽著身邊的水
在源頭開始匍匐潛行

霞山喜雨

一場大雨，現實主義在頭頂傾盆而下
靈魂無處躲避。在春天的深處
松鼠的從容，被一陣風吹得無影無蹤

如果可以預先設計
每條江的源頭，我希望這樣
一位神靈守護水的兩岸，天空遼闊
水草豐茂，而不需要與神有著私約
每座山峰的身上都披滿鮮花

普天之下，莫非王土
每個人在自己頭上懸掛一把醍醐
存一點敬畏，洗心，洗肺，一日三省
那就是善莫大焉，上善若水
今日喜雨，明天東流，目標大海
在這五光十色的世界上，百折不撓
像一個人的腳步，走遍千山萬壑
不離一個情字，愛與不愛，唯時間能證明

從搖籃開始，允許一條江的童年
慢慢長大，給乾淨的水、陽光和空氣
多一些機會，給魚蝦足夠自由
選擇水草還是蓮間嬉戲
讓沙子在水中多活千年。故園春心
在江邊予人玫瑰，不是為了己手餘香
生活不用隱喻，滿懷幻想和天真
每天留出時間，從善如流
腳下保存一塊很小的土地
寬容遠方的小草回來療傷

客至台回山

叫桃源的地方太多
很俗，跟我的情感一樣煽情
台回山不一樣，它是寂寥
寧靜的，下山蛇這個名字
肯定會令你大吃一驚

請原諒一個行路者的迷失
他忘記給你們交代，台回山
高臺村，下山蛇，這些村莊的道路
它們同時出現，只會在一首詩裏
和十五的月亮一起升起來
安詳又從容，輕盈而透明

歲月可以在這裏沉默
這是浙西開化的一個夜晚
柯平、馬敘、俞強、賴子等人
無所事事，他們圍著暮春的黃昏
在月影下喝茶，聊天，抽煙

聽房東最小的女兒，燕燕姑娘
朗誦一首錢江源的詩歌

大地無語，萬山生銹
一個無人記住的夜晚
如果不是村口流水的聲音
橘子樹午夜時分開放的香味
輕輕叩響天堂和夜的寂靜
你會以為，自己夢見了一幅畫
或者，穿越到了唐朝
甚至魏晉

青春作伴烏溪江

青山是背景，順流而下
衢江的山和水都不是我家親戚
綠色的波濤在我的眼紋裏，綠色的風
浪花在下午的仙霞嶺，無藝術地遊戲

春天的周公源，一條烏溪江陪我行走
記憶中的湖南從一個省換成一個鎮
抱珠龍人家的狗在波濤中說話，它的嗓音裏
就有著江水的轟鳴，但不會傷害陌生人

面對春光，雞驚得飛上了桑樹 —— 我的睫毛
野苜蓿一畦一畦在鬢角撂荒了的坡地上
和杜鵑花一起瘋長著，沒有人認識你
一代人在烏溪江邊，一輩子沒離開周公源半步

江水往低處流，一直流到命運的最下游
烏溪江水往低處流，在我的臉上
時間和命運在流動，江上春風和煦

春風吹潤萬物，在靠近工業時代的江邊

柴門緊閉，沒有幾個農人在精耕細作了
一輩子的田地旁看家守門……
流去的江水不再回來，並不妨礙
他鄉春天的耕種，在我靈魂的版圖上

炊煙的消失，多少有點憂鬱
取代的是一年比一年長高的煙囪
這一粒鄉愁，那血液中的火
骨頭裏結晶的痛苦，我的宿命如一江春水
守門人沉睡，沒有人會為我鼓掌

回望落日，不要用四月的墨水來為明天哭泣
一支筆劃不出一條純粹的江，讓江水流向大海
不要更改命運，合上晚霞和地平線
粘成一片的蟲鳴，在向陽的河岸上

蘭溪送馬敘至樂清

"從一個晴朗的地方到一個下雨的地方，
實際上只需要一次短暫的睡眠。"

蘭在霧裏，芭蕉在雨中
兄弟，上午十點一刻的這場雨
再次令人失望，腳下的流水
不會再次讓我們回到裏秧田
回到我們失去的彼岸，錢塘江的源頭

你低頭坐進車子的身影
讓我想起了古代友人江邊送別
無言探向水面的沉默

水到蘭溪，三江匯流，悄然合一
有如人的中年，低緩，寬闊，內心寧靜
月夜漫步，中流擊水，西門的桃花正好
今天第一班的汽車，或者最早的輪渡
也趕不上昨晚江邊燈火中的盛宴

風很輕，日子會越來越平淡
一滴水不能和一條魚，在同一個地方再次相遇
江的對岸，有人故意用古琴彈奏流水
小城故事，一次又一次重複那相同的別離
孤獨的水流過一條蘭溪，你又為何行色匆忙
於是寂寞滾滾流淌……

兄弟，蘭溪，錢塘江的中游水系
各種各樣的人行走在地上，沒有人叫得出名字
命運如水，誰能準確預測自己未來的流向
這是一條別人的江，有人在上游點燈
以心為界，明天是穀雨，我也將啟程
回到包山底。只是，我不知道今夜的江水
會在何時把我喊醒

杭州至淳安道上

我們走在路上，趕在時間面前
從不同的地方出發，沿著一條江的兩岸
走過山川，樹林。杭州至淳安高速路上
一直下著雨，我們睜大眼睛，還是看不清
遠處夾竹桃有如童年，路邊美好的景物
牛羊跟炊煙一樣，從車窗外一閃而過

一閃而過，來不及辨認，路邊的花
有白的，紅的，黃的，粉的，紫的
卻沒看到黑的與綠的，都叫不出名字
遠處山上的姑且只能叫它為野花
唯一認識的桐花遍地飄落，善意地提醒我們
出門記得帶傘。一朵雲包含了多少雨量
很難預測，請尊重四處奔波的人們
在村莊和墳墓之外，也有一些花在開放
該為他們也留下一個像樣的童年

山路總是彎曲，高速一樣錯綜複雜

不管心情好不好，一定要記住這條來時的路
與出發的起點，以四通八達鄉情的名義
允許每個人在服務區稍作休息
在路邊遇見熟人應該互相打聲招呼
至少彼此點點頭，然後繼續一路前行
山沒了，路還在，每一個三岔路口
需要認真考慮，小心謹慎辨認路標
路和路結成了無數的網，比河流還多
從白天到黑夜，車水馬龍，川流不息
我們都會遇到，你得準備足夠的時間
忍著饑餓，才能到達指定的地方

山不轉水轉，"黃昏有大霧的屬性"
記得打開車燈，看到遠處的燈光
如果不是自己的目的地，應該及時鳴響喇叭
做一個簡單的宣告："我們已經來到這裏"
同時提醒後面的過路人，做好準備
別錯過今晚的燈火

宿桐廬同柯平、嵇亦工、馬敘醉後作

錢塘江流到桐廬，我四下望了望
應該是富春江，雨後雲霧，水流千里
聽說這裏的風光很好，琴溪香穀
有點武陵的味道，值得一醉

嵇亦工置酒，詩人柯平、馬敘作伴
桐君、嚴光、章八元、方幹、施肩吾
這些桐廬古人，無論哪一個，足夠下酒
我們剛從淳安來，知道海瑞的規矩，允許醉酒
但酒錢必須乾淨。酷似一幅富春山居圖
記憶中還有一個王姓大哥，自稱土著
一直勸我多喝，他不可能知道陌生人的酒量
請原諒我一下子記不住瑤琳仙境，通天河
蘆茨灣，江南古村落，這些歷史的沿革
和縣名的來歷

每一個太平盛世，都允許有人不事王侯
酒醉之後，管他是為虛名來，還是厚祿往

一路上已看多了綠水青山，我以民間的姿勢
走進今日桐廬，歌以詠志，如果酒醒得及時
我希望看到，五水共治之後，風煙俱淨
天山共色，最美縣城，不是道聽途說
仙境與塵寰都高尚其事，值得我再次醉倒
在一個水皆縹碧，美麗的鄉村

富春山與柯平書

身邊匆忙趕路的人很多
紛紛棄舟登山，除了流傳千年
一個子虛烏有的傳說
馬敘的陪同也應該不容忽視

我明明白白知道自身有幾斤幾兩
選擇沒有意義的攀爬，不想把自己
也變成一個舊人，我只是湊熱鬧

那個把釣台擺在山上的人
大家都羨慕他今日的功成名就

碑亭裏的書法寫得都跟古人一模一樣
卻無法把一塊石碑變成古跡，生活在分秒裏
這世上有太多的東西值得我擁有
穩坐釣台，願者上鉤，這是一則古人的童話
由於年代久遠，我無法複製或者據為己有
現代人的雙腳無法在隔壁打聽出大海的下落

那根虛無的長線，棲息著無數的星辰

"風雖無痕，鳥過有跡；菩提非樹，明鏡是台！"
我若不說真相，全天下只有馬敘知道
從頭到尾富春山居給予我一個上午的收穫
只是在唐寅雕像的背後，一次輕鬆的小解
一路繼續同行，我相信馬敘的散文和你的詩歌
同樣不會出賣我在富春山唯一的風流韻事

終於到達山頂，我讓影子代替我發表演說
手握釣鉤，我感覺自己全身開始蔥蘢
體內的骨頭一再拔節，人一下子長高許多
於是我從自己想像的履歷說起
本人姓嚴，名光，字子陵，與劉秀同學
劉秀，這裏必須著重說明，加強語氣
不全因為他是光武皇帝……

影子的精彩演說，獲得林間的風與樹葉同時鼓掌
一位苗條的白衣女子適時拿出她的蘋果手機
拍下我具有歷史性意義的面影，動作嫻熟
她的微信朋友圈立馬增加了一千零一個人的點贊
只要過了富春江，人們即使懷疑資訊來源的可靠程度
沒有漢代的通行證，誰都無法找我的皇帝同學對質

我知道他們到底想幹什麼
一條江的空白處不全是水，它表面平靜
它的內心有著看不見的巨大裂縫
富春山安靜地看著，這裏就是生活的現場
每個人都不容易，即使你明知我是信口開河
你是大俠，請別笑話，我不過是一個偶然路過的俗人
我不能讓一條江變得清澈，更無法左右
江水像我的血脈一樣四通八達，我願意拿出一張羊皮
在蘆茨、茆坪、狄浦三個村莊，全面建設新農村
把內心的垃圾打掃乾淨，建好一個文化禮堂
再給身體裏修建一座污水處理廠
把欲望攔住，不讓一滴廢水裝神弄鬼
跑出村口，再次流入錢塘江

對長期居住江邊的每一個亡靈
我知道他們遲早還會回來，他們就是我的昨天
我會繼續保持對待生者一樣，給予足夠的敬意
我會在心裏給他們豎起一個個牌位
至於應該誰在前，誰靠後，我不想管得太多
我的話並非全都來自肺腑，如果對你有所隱瞞
我無非只是想讓自己活得更像一個人

湘湖圖

愛如潮水，你我之間
藏著一條江的秘密，隔著傳說
一支蘆葦折成的船，何時渡我到達彼岸

愛才是天堂的通行證
我的河道日益污染，一半來自內心
一半來於外力，我無權抱怨
太陽也有黑點，不應對剛剛長出的白髮
指指點點，對曾經指責過的上游和下游
我願意新建一座橋，讓八千年的歷史
在一條江上跨過來，就像我們
在初夏的夜晚一見如故

山洪和汛期同時到達
都比不上內心的洪澇來勢迅猛
對面就是鹽官，大禹已經把水治好
不會再次同流合污，你是多麼幸福呀
懷抱湘湖，浦陽湖，錢塘江

三江合流，漁歌唱晚

湖橋能拾夢，纖道有古風
我們在漁浦灘頭尋找唐詩之源
美女山下聽越人歌，潮起潮落
詩歌不是史記，沒有必要分清吳越之間
誰是霸主，如果緣起臥薪嚐膽
我會在空白處再造一個湖
在獨木舟上把酒臨風，每一個週末
穿起絲綢做的古裝，你扮西施
我做範蠡，再演一出春秋絕戀

罪己書

"露花倒影柳三變，桂子飄香張九成"

斡寶搜神，搜奇記逸，查慎行詩多空靈

望族陳家，一門三閣老，六部五尚書

大江東去，時間是怯懦的，歷史是軟弱的

天上的雨，地上的水，終歸入海

潮落又潮生，我悄悄地來，又悄悄地走

不敢對一條江揮揮手，說再見

不是怕人指責抄襲，只是怕你記起

峽石江邊有兩座山，一座叫東山

一座叫西山，這不是我的獨創

唐朝顧況早就說過："米價方貴，居亦弗易"

我從未到過古代長安，海甯也是初來乍到

《上古之什補亡訓傳十三章》比塵土更低

這種春秋筆法，我尚未入門，不敢輕試

學著去海邊寫詩，或者在自己心裏植樹造林

我覺得它會是一條捷徑，防洪堤的設計

可以再高出內心百年一遇的風浪一米

在夢和現實之外的海邊修築一個備用水庫
方便每個來觀潮的人喝上淡水

離離原上草，一歲一枯榮
"道得個語，居即易矣"，白樂天一首詩
就穩居長安，我的內心年年野火燒不盡
可鹽官的水面太寬，我的語言很難抵達
一個可以相依為命的島嶼，潮水步步緊逼
浪尖是海市蜃樓白頭偕老的戀人
舟與楫的傷口，形同陌路，卑微者的祝福
苦澀的海水，不適合四十歲生命的溫度
而我，路過海寧的旅人，空懷礁石脊樑的熾熱
想去傾聽，大海中血液洶湧的濤聲
幾番浮沉，掙扎，卻發現所有的浪花
——沒有長根……

一個人的大海，用不著吞吞吐吐
眼睛渴望長出羽毛，把身體讓給波濤
我們就是水鳥，我們比翼雙飛，卿卿我我
沿著蜿蜒的海岸線，比肉體更脆弱的萬里河山
我無法確定，多少年以前的桑田，就是多少年以後的滄海
我不會主動觸犯風的耳語，從今往後
所有的欲望，都與善良的水一起祈禱
祝福天下蒼生風調雨順，豐衣足食

保佑魚米之鄉臥薪嚐膽的每一個人，無怨無悔
面朝大海，立字為據，隨手拋棄春暖花開
像我的體內，拆除血管裏搭建著各種違章的鋼筋與水泥
仁者克己，沉默與自語，我今夜寫下的文字
花開的聲音，洩露心靈的秘密，是迷人的深淵
罪己書不是宗教，我只做自己一個人的孤君
餘下看不見的，今晚統統送給別人
末代的帝王，與我何關，它的孤獨
它的世外桃源，都是我看不見的

你的名字比影子更爲寂靜

你是誰，你又會在什麼時候回來
比起我的貧乏
這些都顯得微不足道
清晨的霧像天空的一道傷口
你的名字比影子更為寂靜
你是通向歡樂的短暫時光
你溫順低斜的樣子
不知道是一株紅豆杉還是一棵青岡櫟
與山上背陰處的殘雪一樣
微藍的光焰
讓人時時想起上一個秋天
或者我們正在行走的春天
在春天，你是必不可少的
唯一的，我無法破譯的讖語
迷霧繼續把目光移向遙遠
田野失去了記憶
天空還在身邊
夢魘似的的岩石
伸出雙手，握住的只有昨天的溫度

白雲山莊

就這樣全身袒露
山依戀著水，水環抱著山
保留自然的姿勢，踮起你纖細的雙足
依偎在我的懷裏，如蝴蝶的翅膀
窗外，山路十八彎，水流九曲連環
水還是白色的，山依然是青色的
野草綠著綠著就黃了，山花開過也就謝了
樹換了多套服裝，蜜蜂與雲雀早相忘於江湖
把生命交給大自然，落英果腹，滄桑為飲
百轉千回後，山不改執著，水依然純真
天黑了，星星三三兩兩出門散步
冒失的夏蟬在密林深處，倏地長嘯
你玫瑰色的櫻唇，輕輕動了一下
狡黠的紅潤迅速逃逸，又佯裝睡去

酒　後

我再怎麼努力，再怎麼使勁
也無法打開北京的房門

今晚從外面喝酒回來已是午夜
借著昏暗的星光，我掏出一張卡，想打開房門
門，穩如泰山，堅如磐石，怎麼也不能打開
我使勁推，用手拍，用腳踹，用肩頂
我的舉動，驚動了保安。他查驗了我的身份後
才發現，我鬧了笑話，拿錯了卡
我手中的是一張外省的、包山底的身份證

頑 石 賦

——赤水河、飛雲江訪石，得句兼贈大解

石頭不會開口說話
只開花，不喊苦，不哭也不說痛
石頭也不吃飯，不穿衣服
不睡覺，不談情說愛
石頭就是石頭

石頭不是傻子
說它傻真不是傻
石頭不是從天上掉下來
石頭是石頭它媽生的石頭
石頭它媽也叫石頭

石頭沒有父親，不管石頭是不是無性繁殖
一塊菊花石或者一塊鵝卵石
石頭無好壞
玉石，瑪瑙，翡翠，水晶，玻璃

石頭就像人的心
只有喜歡和不喜歡
你說，石頭質硬，形異，色澤光鮮
奇石可通靈，方可收藏

石頭就是石頭
寫《石頭記》的說，天下人都癡
你給石頭過生日，你給石頭取小名
它們就是你的兒子和閨女
你上天入地，你思接洪荒
你爬樓梯手摸月亮，你到水裏找石頭
今天，我不寫詩，也不為石頭
相隔三千公里，在兩條河裏陪你走走
我不是傻子，我在人生中摸爬滾打多年
我已失去棱角，我圓滑，我八面玲瓏
我不會對石頭癡迷，我不可能成了半個傻子
你大解，我不解

岳 陽 樓 記

── 辛卯中秋路過洞庭君山，與葉菊如、
張靈均諸君暢飲

這些年，我四處奔走
路過天地之間，抬頭看名山大川
低頭過著卑微的日子，一直
無法捐棄生活的前嫌
恪守著自己的一畝三分地
如一座孤島，被四面八方的水圍困
從白天退守到黑夜

白銀盤裏一青螺，我的兄弟姐妹
人活世上，水流江湖，雲夢澤裏
魚昨天還在水中暢遊
今日卻躺在餐桌上，它的靈魂已經離開了
除了骨頭，身軀有何用
兄弟們，人生如夢，秋日勝春朝
把酒臨風，三分癲狂七分醉
用長江之水洗盡常年的磊塊
不再想著與什麼和解
先天下之樂，無天下之憂

五老峰

群峰之上，誰還待月西廂
我登上黑夜的屋頂，向自身的沼澤
投出一塊石頭，想知道是山高還是水長
而世界總以沉默回答我

做一隻水上飛的鳥

黃昏的餘光下，蘆葦蕩
你唱著歌，可我不是你的李郎
我雖然姓王，我沒有白馬，沒有我的王冠

歌是會飛的鳥兒
水裏留下來她滑翔的影子
做一隻鳥多好
想飛就飛，累了就歇
他的國土想要多大就有多大

在鳥的王國，無人喊我萬歲
就算忘詞，也有艄公的號子
伴一聲：“欸乃”

我羞于稱自己爲詩人

我的心不夠溫暖
我是一個卑微的人
我的心長著一顆羞愧的靈魂

我不敢扶起面前摔倒的老人
我不敢呼吸 pm 2.5 大於 100 的空氣

我喝酒怕醉，吃肉怕肥
我睡到凌晨 3 點就會醒來

我的欲望像春天的野草
千里之外的微塵，就會讓我膽顫心驚

我害怕躺下就不能起來
我害怕閉上眼睛就不能睜開

我沒有給窮人施捨過一枚硬幣
我沒有給愛人買過一枝鮮花

我糾結於生活，寫過虛偽的證詞
我的內心不止一隻魔鬼
我羞于稱自己為詩人

一封家書

父親，我寫好了一封家書
在萬家團圓的中秋之夜
找遍了整個世界
卻沒有一個郵局
可以投遞

父親，我是多麼的粗心啊
忘記了一個生我養我
給我生命的親人的地址

我的家書，從此
成了孤兒，落單的雁
找不到回家的路

父親的墓誌銘

一個農民
籍貫包山底
一生沒有第二職業
他渴望生
但最終被死選擇
生於 1935 年 8 月 3 日
逝於 2010 年 11 月 17 日
沒有遺體告別儀式
沒有追悼會
他簡單的一生
在親人的淚水中
灰飛煙滅

他的一生
活著是卑微
精神與肉體
忍受著雙重的屈辱
他的一生

都在鬥爭
與土地，與汗水
與饑寒，與病痛

他的一生
人是螻蟻
命如草芥
捨不得吃藥
捨不得花錢
讀過三年私塾
十六歲喪父
當過幾年兵
有過一次愛情
死後的遺產：
四個兒子
一塊墓地
一口廉價的骨灰盒
價值人民幣 3800 元

月下獨酌

燈光真的喝醉了，滿臉通紅
身影歪斜得厲害，小店的那個女的老闆
在櫃檯用算盤炒著花生米，噼裏啪啦響著
令人作嘔，烏鴉一樣地呱噪

瓶中的酒明顯被兌了水，喝起來越來越寡味
父親，這個名詞，空氣一樣
不請自來，坐在我的對面一直微笑，沒有舉杯
也沒有動一下筷子

這個死去多年的老傢伙大概也喝醉了
突然動了起來，用眼睛跟我劃拳
老傢伙明明輸了，卻耍賴
撫摸著我的頭，教訓我：你個小王八犢子……

我還想和他再幹兩杯，把老傢伙灌醉
舉起杯，碰到的卻是我眼角
早已埋伏的一群淚水……

午夜聽隔壁一個瞎子的二胡聲

瞎子的眼睛應該是真看不到
任何光和亮了
除了黑色
他只能用手去摸所有物體的形狀
用手感覺物體的溫度
瞎子以前不瞎的時候
二胡是有顏色的
他把二胡油漆成美輪美奐
整天把玩，捨不得讓別人碰一下
如今瞎子瞎了
看不見二胡的顏色了
那把二胡只有聲音了
如泣如訴
那是從心裏流出來的顏色
瞎子的聲音

不知道這裏發生過什麼

一根大自然孕育千年的草
一根與日月山川同輝的草
一根靜默活著的草
一根與世無爭的草
一根飽經霜雪的草
一根歷盡風暴的草
一根牛羊啃過的草
一根農夫割過的草
一根卑微的草
一根溫情的草

一根草
在機器的轟鳴中猝然死去

走在殯儀館的路上

每天總有人的靈魂告別肉體
再也不能做點什麼
就這麼走了
不管是誰
這個過程都顯得有點意外

殯儀館的火很旺
對高尚和卑鄙一視同仁
在一個小時讓人的一生
灰飛煙滅

昨天的生者
送走了前天的死者
今天的生者
去送昨天的死者

面對死亡
最卑微的生命
都勇敢的走在殯儀館的路上

將 進 酒

── 與藍野、唐力、商震諸兄在茅臺鎮

沒有月光，太陽和雪都會匿藏
我是夜色的影子，一直戴著面具做人
我們都是候鳥，和所有的男男女女一樣
來自南北，醒來就分開，瓶中還剩半杯酒
酒是少女的潮紅，酒是安魂的村落
在酒中，飲者也寂寞，人生不足百年
我記得那美妙的一瞬，酒是我的家
酒是我的天涯，你可以叫我先生，天亮之前
每個人都應有均等的時間，陪星星喝酒
酒是人間的天使，酒是大理石上的十字架
酒是一柄劍，酒是明月，酒是清風
酒是華佗，酒是扁鵲，酒是麻沸散
酒是曼陀羅，酒是美女蛇，酒是忘情水
舉杯在手，過五關斬六將，我氣吞山河
三杯下肚，我仰天長嘯，醉裏乾坤大

投壺、射虎。千古興亡，我歌我舞
管他多少事？酒桌有昆侖，酒品即人品
我哭我泣，鄉關何處，三分癡七分醉
在夜裏喝酒，四野空空，天下英雄誰敵手？
昨日霜降，今夜已無故人來，風捲殘雲
落木蕭蕭，我已變成了自己昨天深惡痛絕的那個人
向虛無低頭，再好的酒也不醉人，草枯霜白
山河暗淡，遊子意，故人情，千杯少
一個人獨自喝酒，每天都試著記起自己
猶如冒名頂替的騙子，是一件相當危險的事情
諸神早死，我們還活著，誰都不能隨心所欲
猶記昨日雨過河源，可今天我已是江郎才盡
無人為我救贖，我始終看不見自己的南山
返鄉未必樂，酒裏有各種精靈，不能逗留太久
浮世難繪，不要道晚安。向酒傾述心事
不合時宜，殘山剩水，秋風像顫音的花腔
大家都是失敗者，我怕黑暗，怕幽深
我還怕酒後愛上酒，這空蕩的異鄉
我更怕愛上她，隔壁賣酒的姑娘
天快亮了，請幹了杯中酒
然後像身後的赤水一樣，明日隔山嶽
各奔東西，從此是路人

春中茶園作

雪很快就積到了半山腰
悲傷的黃昏，黑暗中的火熄滅了
已經看不見遠方，群山靜默著
天色越發暗下來，三月陽春
雪很白，白得沒有一絲歇停的味道

雪落無聲，人在草木之間，茶樹無聲
年、月、日，柴米油鹽醬醋茶，往日崎嶇
山風凜冽，像移動的烏鴉，和三年前一樣
茶農王十二把一個剛剛凍死的茶芽
夭折的新生嬰兒，埋在忍冬花的根部
直起腰，他抬頭看看灰濛濛的天空
"操你大爺"！寒風中，目光狠狠的
像一個再次輸光了的賭徒

雪夾著雨，生與死的距離
只在一場雪之間，一年又一年的徒勞
滿目春山盡白頭，就像茶

人走就涼，春寒勝於人禍
茶香來自苦寒，只有沸騰的水知曉
活著不易，被折戟，被殺青，被揉撚
被發酵、被烘烤，被赴湯，被蹈火
遍嘗人間滋味，茶出身於農家
性苦寒，功效止渴、明目、益思
消炎解毒。死是一件自然的事
茶的一生，總是無法為自己除煩去膩
驅困輕身。在這春天裏，眾生芸芸
雪地江山如畫，只有這小小的草木
靈魂中長滿不為人知的悲傷

吃茶去吧。群山之巔，人心為峰
草木之心，一歲一枯榮
蚯蚓在地底用柔軟的身軀耕耘
而世界空曠，蟲鳴閃爍其上

西坑溪景

山有山神，水有水仙
有人溪中圍池，古法養魚
有人坡上種高粱，蒸餾釀酒

這裏叫西坑
石斑魚在溪中優遊
炊煙如細雨
沿岸民居參差不齊
青磚灰瓦，柴門泥牆，隨心所欲
村口兩棵香樟樹，各自為政
一株紅豆杉遺世獨立，似有古風
土地廟依山就勢，廟裏釋道儒並列
佛和神仙平等互利，互不干涉內政

年輕人進城多年，身分不明
留守老人閒似野鶴，孩童村外上學
週末才歸來。雲出岫，水聲似禪
鴨子水上跳芭蕾，悠閒自得

煙草雲樹，複歸自然
難覓食木屋外，狗酣睡土牆下
貓的身份合法，鵝的血統純正

巢林一枝，停歇在蘆葦上的翠鳥
被貿然路過的風，一場虛驚
後山蒼柏、青松、翠竹，領土完整
對面山嵐突起，分不清桑與麻
山道行跡稀疏，路邊稻田，似曾相識
瓜秧蒜苗獨立自主，長勢良好
菜園竹籬虛掩，蜂兒狂，蝶兒忙
無名的閑花野草與車失菊和平共處
開滿水畔，路邊，房前屋後

貓與狗都很懂事，但有點怕生
雞鴨鵝猶如我的前半生，來歷清明
春雨識趣，且多情，雨中有芭蕉
風好客，合唱安魂曲，邀我進農家
大媽最好客，給異鄉的行人
抹椅子，敬煙，遞茶，切瓜果
梁上屋簷下，雛燕啾啾，熙熙而樂
面對不速之客，鬚髮皆白
蹲在灶膛邊抽旱煙的老大爺
頭也不抬地問：客從哪里來

將往何處去，為何來此地？

哪里來，何處去，為何來此地？
我在這裏幹什麼，這裏什麼也沒有

萬物稍縱即逝，流水無聲，雨歇了
離開西坑時，青山不語
花落滿地，蟬鳴聲此起彼伏

同楊方及諸公登廣慈寺屏風閣

"就算把俗世的春色盡收眼底，
也比不上夢裏看一眼你盈盈的笑意"

人間春色，山花亂開
聖人留遺產，溪流野唱
方岩絕壁無捷徑，人生何須分涇明渭
皇天、上帝、社稷、寢廟、山林、名川之祀
風、雨、雷、電、水、火諸神
財神、灶神、城隍、土地
各司其職，各為稻粱謀
五峰也罷，天下糧倉也好
神仙神通再廣大，也要人間煙火供著

我本凡間一塵人，自非曠士懷
世事多荒荒，我且裝有閑
縱使這曲徑通幽的雲梯連著天堂
一步一叩首，到達山巔，上得天門
進入天街，見到各路神仙

我依然忘不了凡心，一刻也不能免俗
我醉之意全因酒，不在什麼山水
我想著我的俗世紅塵
每一天我都是王國側，又名叫慕白

行路難，不見前人，不問來者
世道人心，多歧路，我只有童年，沒有童話
渴了，山中泉水就是一位美人
純粹，絕色，稀世。
累了，地上松針就是錦被
柔軟，遼闊，忘形。
夜住曉行，一朝風月癡迷一生一世

林靜月下，人思風前
皇帝禦書“赫靈”，心誠則靈
這山水不是我的，清風也不是我的
我的內心有火，我還不想向自己低頭
我沒有一點雲水禪心，即使在胡公面前跪下
磕一百個響頭，註定今生也上不了天
入不了地，就算再邀來一萬噸的明月為伴
我依然只在時光的反面，像這個古寺的
一支蠟燭，抵不住一陣山風的突如其來

不言何故白髮，但笑半山春風

山川跌宕，天色向晚，故鄉日遠
不能再強詞奪理了，道路崎嶇不平
今天已回不去，明日尚早，親疏無關遠近
五峰就是人的五腑六髒，半日登山
勝似十年讀書，三牲六福，香燭冥錢
天街喧鬧的市聲，才是人間的本色
路邊的每一朵野花，卑微，瑣碎
不引人注目，代我開出前世未了的心結
持花臨水，抱魚在山。原諒我吧
我入空山不訪高士，但尋狐仙
今日有酒，四十不惑，不去想它明天泛舟何處
我已看見山腳酒家，炊煙嬝嬝……

全季酒店 219 房間

一張雙人床，這是真的

電視裏的演員不知去了哪兒
浴室的水汽氤氳，鏡中看不見人
只聽見一聲輕咳，國畫般清脆

飛雲渡

一輪巨大的夕陽，像鄉愁
懸掛在天邊，飛雲江，水聲激激
水流輾轉反側，在飛雲，我的父親死了
我的母親住在醫院，飛雲渡呀飛雲渡
牛羊，炊煙，村莊，歲月和愛
多少美好的事物無法擺渡
一首宿命的哀歌，飛雲渡，飛雲渡

有　詩

"我們再也回不去了"

"人生最痛苦的是，夢醒了無路可走"

人世淒涼，知道了又能怎麼樣呢

水在地上流，水洩露了人間的秘密

流水不腐，流走了就乾淨了

流吧，流吧，我說，把一切都流走

雲在天上飛，雲是水的姻親，雲離神最近

飛吧，飛吧，我說，把靈魂留在天堂

雨是天空的淚，雨有普世價值觀

眾生焦渴，下吧，下吧，下一場大雨吧

沖走世上的黑暗，我說，下吧，下吧

走遍萬水千山，誰能永生，山孤獨，水也孤獨

我的靈魂孤獨，我的肉體孤獨

我說，走吧，走吧，我們多孤獨！

走吧，走吧，我們孤獨了，我們孤獨了

人間有苦，我們看到了太多的黑暗

我們從哪里來，又將到哪里去，眼淚止不住血

哭吧，哭吧，把心哭出來，就不痛了
神在天上，天使在飛翔，我們從此不再見
道成肉身，我們有詩，詩與生活的苟且
搬石頭砸自己，頭上有星空，腳下有大地
風吹草動，言不盡意，美人遲暮，英雄末路
風是鳥的幌子，不要相信風，風會騙人，風是騙子
風中有丘壑，貓孤獨，蝴蝶也孤獨
石頭也孤獨，我的靈魂孤獨，我的肉體孤獨
我說，走吧，走吧，我們孤獨已久！

我們無法拒絕什麼，空虛和平庸
夢快醒來了，文章千古事，我們都會老去
我們是可憐的，天快亮了，出太陽吧，出太陽吧
有太陽就有光，讓死亡享有尊嚴和愛
我們已經有孩子了，出太陽吧，快出太陽吧
我的靈魂孤獨，我的肉體孤獨
出太陽吧，出太陽吧

望百丈漈瀑布

你飛
你流
你直下
你奔騰
你登高
你 207 米
你英姿勃發
你一日千里
你雄風百世
你羽化
你升仙
你高百丈
你寬百丈
你深百丈
你日復一日
你川流不息
你大快人生
你直抒胸臆

你華夏第一
你的遠方有大海
水隨天去
我命若琴弦
我早出
我晚歸
我往低處流
我往高處走
我披星戴月
我隨波逐流
我流不出包山底
我流落在縣城的街頭
我浮雲神馬
我在鄉下謀生
我的河床淺陋
我不遮
我不掩
我雜草叢生
我泥沙俱下
我沐風
我櫛雨
我跌宕起伏
我曲徑通幽
我沽名

我釣譽

我春風得意

我放浪形骸

我旅途寂寞

我的愛在天涯

我的春天開滿鮮花

我哭

我笑

我迷戀紅塵

我的骨頭一直不缺鈣

我的命運猥猥瑣瑣

我水到渠成

我在濁世浮沉

我有血

我有肉

我獨對青山

我醉生夢死

我滄海一聲笑

我千里走單騎

我的日子歡快地流淌

有時候我也會淚流不止

我無法找回已經逝去的親人

我風花

我雪月

我閒庭散步

我馬失前蹄

我塵歸塵，土歸土

我彈琴複長嘯

我高山流水

我不願失去昨夜那個一起喝酒的人

我姹紫嫣紅

我朝三暮四

我矯情

我糾結

我采菊東籬下

我上南山去砍柴

世界都已入睡

我三顧茅廬

我樂不思蜀

我手上握著一枚金幣

我在人間替代別人活著

我再次街亭失守

我委身與人

我上善若水

我澤潤萬物

我恩怨分明

我是非難免

我與世無爭

我獨善一身
隨意賦形的一生
我容百川，清者自清
我有酒的剛烈
我缺水的柔情
我春雨夏雹，秋霜冬雪
我行雲流水，四時各異
舍去生與死的距離
路漫漫其修遠兮，風生水起
我脫胎於人，我借水還魂
逝者如斯夫，不舍晝夜
我是自己的王，水宿風餐
我立生死狀，演無間道，桃園三結義
我的河道縱橫交錯，流程 96000 公里
我水漫金山，我過黃河癡心不死
我傾國，我傾城，我傾其所有
大道似水，我的江山群魔亂舞
黑白無常，我的故鄉和母語
天堂與地獄之間住著一個叛徒
人生如寄，蜉蝣一夢
我追逐著時光和流水的腳步
卻總是看不到自己的背影
縱然我向天再借五千年
我的靈魂依然不到兩米

塘河賦

水吟詩，瞿溪、雄溪、郭溪
山押韻，吹台和集雲、桐嶺與眠崗
白鹿銜花，大羅山中有神仙
有道是人在潘橋，橋下流水，甌居海中
摸著良心過河，江心嶼可渡
詩之島，浩氣長存，武德文成

為塘河立傳
北起鹿城小南門
南經梧埏、白象、帆遊
河口塘、塘下、莘塍、九里
西至瑞安東門白岩橋，千年流水
這人間，多少悲歡離合
總叫人盪氣迴腸，英雄氣短
江山美人，禁不住春風輕輕一吹
古國東甌，兩岸垂柳“A4”小蠻腰

水如棋，山似屏，世事無常

塘河不説話，水聲激激
流去的已是永恆，猶人之中年
山邃水闊，黯然銷魂處
波瀾不驚。生活不許有更多喧嘩
甌江、飛雲江，同源分流
跌宕起伏，塘河雖小，滾滾東流
弄潮兒，吃生蟹，敢為天下先
事其功，守其信，山川不阻遠
正心、修身、治國、平天下
何物動人，晴耕雨讀，閑敲棋子